Joseph Antoine Milsand

Les pamphlets de Thomas Carlyle

Essai

Le code de la propriété intellectuelle du 1er juillet 1992 interdit en effet expressément la photocopie à usage collectif sans autorisation des ayants droit. Or, cette pratique s'est généralisée dans les établissements d'enseignement supérieur, provoquant une baisse brutale des achats de livres et de revues, au point que la possibilité même pour les auteurs de créer des œuvres nouvelles et de les faire éditer correctement est aujourd'hui menacée. En application de la loi du 11 mars 1957, il est interdit de reproduire intégralement ou partiellement le présent ouvrage, sur quelque support que ce soir, sans autorisation de l'Éditeur ou du Centre Français d'Exploitation du Droit de Copie , 20, rue Grands Augustins, 75006 Paris.

ISBN : 978-1987430233

10 9 8 7 6 5 4 3 2 1

Joseph Antoine Milsand

Les pamphlets de Thomas Carlyle

Essai

Table de Matières

Introduction   7

Section I   10

Section II   32

Introduction

« Le temps présent, dernier né de l'éternité, fils et héritier de tous les temps passés, de ce qu'ils avaient de bon et de mauvais, père et souche de tous les temps à venir, est toujours une ère nouvelle pour le penseur, et toujours, quelque banal qu'il puisse paraître, il vient à nous avec de nouvelles questions et de nouvelles significations. Le connaître, lui et ce qu'il nous ordonne, est à jamais la somme de toute connaissance. Ce jour nouveau que le ciel nous envoie à, lui aussi, ses célestes augures. Au milieu des bruyantes trivialités et des vides retentissements, il apporte ses silencieux avertissements ; et, si nous sommes incapables de les déchiffrer et de leur obéir, mal nous en prendra. Oui, certes, et il n'est pas de péché qui soit plus cruellement payé par les hommes et les nations que celui-là même qui renferme et présuppose en réalité tous les genres de péchés, celui-là même que nos ancêtres, dans leur piété, nommaient *aveuglement judiciaire*, et que nous-mêmes, avec nos habitudes de légèreté, nous pouvons encore nommer *fausse appréciation de l'époque*, stupide révolte contre ses révélations et ses véritables injonctions, stupide dévouement, actif ou passif, aux faux semblants de ces réalités et aux mensonges en circulation. Cela est vrai de tous les temps et de tous les lieux. »

C'est par ces paroles que M. Carlyle ouvre une série de pamphlets qu'il a commencée avec 1850, et qu'il appelle *Latter-Day Pamphlets* (pamphlets des derniers jours).[1] Tous ces écrits nous transportent si loin des opinions usuelles, tous développent les conséquences d'une si longue suite de réflexions, qu'il ne saurait être question de les analyser ici un à un. Les deux premiers d'ailleurs nous dispensent de cette tâche : ils renferment les idées-mères de toutes les pensées de l'auteur, ils renferment surtout son vrai génie. Dans ses autres pamphlets, sa haute intelligence ne l'abandonne pas sans doute ; mais peut-être y montre-t-elle davantage ses limites, et souvent on a plus de peine à l'y saisir à travers les conclusions exclusives auxquelles elle s'est laissé entraîner, parce que, tout en pénétrant des secrets inconnus à la foule, elle n'a pas tenu compte de mille nécessités que d'autres avaient su comprendre.

---

1 *Latter-days*, expression biblique qui correspond à ces mots de la Vulgate : *no-vissimorum temparum. Certains sectaires sont désignés sous le nom de saints des* latter-days.

Le premiers des *Latter-Day Pamphlets* s'adresse aux démocrates, qui demandent que tous aient une part égale dans la direction des affaires, quelles que soient leurs incapacités ou leurs capacités ; le second est dirigé contre les philanthropes, qui réclament pour tous une part égale de jouissances, quoi qu'ils puissent faire ou ne pas faire. Au fond de ces deux utopies, il n'est pas difficile de reconnaître la même illusion. Sous deux faces différentes, c'est toujours le fatal esprit de théorie qui marche aveuglément à la suite de l'idéal, qui toujours commence par se demander uniquement ce qu'il peut rêver de mieux, et qui borne sa sagesse à choisir tel moyen plutôt que tel autre pour atteindre le but qu'il a d'abord fixé, sans compter avec l'impossible. Cette philosophie-là n'est pas neuve : elle est vieille comme l'étourderie. Autrefois elle cherchait l'éternelle vérité religieuse, maintenant elle cherche la société-modèle, où il ne sera plus besoin d'être apte à remplir un rôle pour le jouer, ni de semer pour recueillir. Au fond, sa présomption n'a pas changé, seulement elle porte un autre costume, celui du jour. Charles Lamb disait des médecins que « chacun d'eux adoptait une partie du corps, les poumons, la rate ou n'importe quel organe auquel il attribuait tout ce qui pouvait aller de travers dans l'économie animale. » Chaque époque a ainsi son idée fixe, sa pensée à l'usage de ceux qui ne peuvent pas penser par eux-mêmes, ses tendances à l'usage de ceux qui n'ont point d'entraînement à eux. Notre idée fixe à nous, c'est le culte des masses. Tout ce qui nous déplaît, tout ce que nous sommes disposés à attaquer, nous l'attaquons au nom des masses et comme une violation des droits des masses. Si nous avons un système, si nous tenons à nous croire capables d'accomplir quelque miracle, vite c'est la démocratie qui se chargera de l'accomplir. La démocratie est notre réponse à tout. Pour l'historien, elle est la philosophie de l'histoire ; pour le philanthrope, elle est la philanthropie toute faite ; pour le romancier, elle est le roman à succès. Nous n'avons plus besoin de rien examiner ; il est convenu d'avance que toute bonne chose, morale, science, civilisation, n'est venue que du peuple et ne peut venir que de lui.

Il y a longtemps déjà que M. Carlyle a pris position devant cette folie du jour.[1] Parmi ses ouvrages, il en est un qui a pour titre : *Le*

---

1 Voyez, sur Carlyle et ses précédents ouvrages, les nos du 1ᵉʳ octobre 1840 et du 15 avril 1849.

Culte des héros. Je ne m'étonnerais pas si plus tard ce livre devait faire date, comme le point de départ d'une nouvelle période intellectuelle, d'une nouvelle manière d'envisager et d'expliquer les faits sociaux. L'influence qu'il a exercée sur l'Angleterre est immense ; par l'Angleterre, il a agi sur toute la famille des nations. L'Amérique, l'Allemagne, l'ont reproduit sous d'autres formes, et nos révolutions lui préparent encore bien plus de prosélytes.

Le Culte des héros, ce titre seul indique toute une théorie nouvelle de l'univers. Le mérite de M. Carlyle, c'est d'avoir senti et révélé le rôle nécessaire des supériorités, des *organes articulateurs*, pour emprunter le langage de l'écrivain anglais. D'autres avaient pu le sentir avant lui ; mais ils n'avaient pas été aussi profondément dominés par cette impression. Chez lui, elle a été constante : elle s'est exprimée dans toutes ses pensées ; sa nature à lui, si je puis ainsi parler, est de voir dans tous les phénomènes de nos sociétés, dans toutes les idées qui s'y expriment ou s'y réalisent, non plus l'œuvre des masses, qui les répètent ou servent à les exécuter, mais l'œuvre du penseur chez qui elles ont pris naissance. Un des premiers peut-être, il a nettement compris que l'humanité croissait et se développait d'après des lois toutes contraires à celles que rêvait la philosophie officielle ; un des premiers, il a éloquemment indiqué comment les nations étaient des corps composés d'organes dont quelques-uns seulement étaient faits pour penser, comment en toute chose, en médecine, en morale, en politique, le progrès ne s'accomplissait que chez certains êtres d'élite, comment enfin le monde en bloc ne marchait que parce que les conceptions des sages se faisaient lois, opinions, journaux, etc., pour diriger la foule et l'amener à croire ce qu'elle n'eût jamais pu découvrir, à respecter ce dont elle n'eût jamais pu reconnaître la nécessité et l'utilité, à craindre et à éviter ce dont ses yeux n'auraient jamais su apercevoir les dangers. Tandis que l'Europe entière n'avait d'admiration que pour l'indépendance, M. Carlyle a passé sa vie à glorifier l'obéissance et la foi ; il a compris et il a dit que la docilité était, sous un autre nom, la faculté d'apprendre ou de profiter de la science d'autrui ; tous ses ouvrages, en un mot, sont un hommage rendu à l'invisible protection que l'intelligence des intelligents étend sur les masses, et un plaidoyer pour demander que leur règne arrive. À ses yeux, les lumières répandues dans les sociétés ne peuvent leur profiter qu'à une condition : il faut que chacun fasse son métier, que chacun exerce les aptitudes qu'il possède, et qu'au lieu de décider sur tout, il apprenne à s'en rapporter à ceux qui en savent plus que lui.

Toutes ces idées, nous allons les retrouver dans les nouveaux pamphlets de M. Carlyle ; cette fois elles se précisent davantage, et avec elles c'est le temps présent qu'il vient juger. Le titre du premier de ses pamphlets indique nettement l'intention clé l'auteur. *The Present T ime* ! écrit-il en tête ; voyons donc comment M. Carlyle a instruit le procès de son époque.

Section I

Le temps présent ! est-ce une ère nouvelle de bonheur qui s'ouvre ? est-ce une ère d'expiation qui nous est envoyée pour nous faire abjurer nos folies ou nous anéantir, si nous ne profitons pas de ses leçons ? Terrible dilemme ! Pour le moment, la seule réalité bien certaine, c'est que la destruction est partout : des barricades, encore des barricades, des trônes renversés et de vieux pactes sociaux mis en pièces, voilà quelle a été l'œuvre de ces dernières années.

« On sait ce que la France devint après février (écrit M. Carlyle), et par une généalogie assez palpable on peut rattacher sa révolution au bon et simple pape avec son Évangile à la main… Bientôt, comme si le choc eût été transmis par des électricités souterraines, l'Europe entière ne fut plus qu'une explosion sans bornes, impossible à contenir, et nous eûmes l'année 1848, une des plus désastreuses, des plus stupéfiantes, et, somme toute, des plus humiliantes que le monde européen ait jamais vues. Depuis l'irruption des barbares du Nord, sa pareille n'avait pas existé… Partout la démocratie se leva incommensurable, monstrueuse, hurlante, rauque et sans voix articulée, comme le chaos… et ce qu'il y eut de particulier dans cette année, c'est que pour la première fois les rois se hâtèrent tous de s'en aller, comme s'ils eussent dit : C'est vrai, nous ne sommes que de pauvres histrions ; vous fallait-il donc des héros ? ne nous tuez pas, ce n'est pas notre faute.- Pas un d'eux ne se retourna pour faire face, debout et ferme sur sa royauté comme sur un droit pour lequel il serait prêt à mourir ou à risquer sa peau… Ainsi il ne

resta plus de rois en Europe, plus de rois, excepté le harangueur
public haranguant sur un tonneau, dans un journal, ou se faisant
agréger à un parlement national pour y haranguer. Durant quatre
mois environ, la France, et jusqu'à un certain point toute l'Europe
ne fut plus qu'une cohue présidée par M. de Lamartine du haut
de l'Hôtel-de-Ville… Triste spectacle, pour des hommes de
réflexion, que ce pauvre M. de Lamartine tant qu'il dura, dernière
personnification du chaos encore une fois de retour, et doué cette
fois du don d'éloquence pour démontrer qu'il était le *cosmos* !…
Des étudiants, de jeunes littérateurs, des avocats, des journalistes,
de bouillants enthousiastes sans expérience ou des fous ruinés
et furieux, telle est la classe d'hommes qui excite et déchaîne
les insurrections, agissant partout sur le mécontentement des
masses et soufflant partout le feu : cela peut donner à réfléchir sur
le caractère de notre époque. Jamais jusqu'ici les jeunes gens, je
dirais presque les enfants, n'avaient exercé un pareil empire sur
les affaires des hommes. Nous avons bien marché depuis le jour
où le mot *senior* fut choisi pour désigner les chefs, les supérieurs,
comme il en a été dans toutes les langues, — et certes ce n'est pas
là un document fort honorable pour la sagesse de nos jours… Le
drame est certainement plein d'intérêt ; les émouvantes péripéties
y abondent, et la multitude de pousser des cris de jubilation, de
triomphe et d'admiration ; en prose et en vers, des hymnes exaltés
redisent comment l'ère nouvelle s'est enfin ouverte, comment est
enfin arrivé l'an Ier si longtemps attendu de la félicité suprême.
Peuple immortel et glorieux ! sublimes citoyens français !
héroïques barricades ! triomphe de la liberté civile et religieuse !
Oh ! ciel ! une des misères les plus inévitables du penseur sérieux
dans de telles circonstances, c'est précisément ce flux tumultueux
de rhétorique et de psalmodie qui déborde incessamment de la
pauvre et folle bouche humaine Votre vieille maison lézardée,
si longtemps maudite en pure perte, a fini par vous exaucer ; sa
façade pour tout de bon s'est détachée et repliée dans la rue ; les
planchers peuvent encore être soutenus par le bout des poutres et
par l'adhérence des vieux mortiers. Quoique bien inclinés déjà, il
se peut qu'ils restent en l'air jusqu'à ce que certains clous rouillés et
certaines mortaises vermoulues aient cédé ; mais est-il donc bien
agréable d'entendre, à pareil moment, tous les locataires célébrer

en chœur les nouvelles délices de la lumière et de la ventilation, de la liberté ou de leur position pittoresque ? est-il donc bien doux de les entendre remercier Dieu de ce qu'il leur a enfin octroyé une maison suivant leurs vœux ? »

Pour M. Carlyle, le spectacle de l'Europe est donc loin d'être rassurant. Ce qu'il voit, c'est que jusqu'ici nos révolutions ont simplement révélé sur quel volcan sans fond, sur quelle mine universelle de matières fulminantes et toujours en révolte reposent à l'heure qu'il est nos sociétés avec tous leurs arrangements et leurs acquisitions. À ses yeux à lui, il y a le néant, partout le néant, rien que le néant et la preuve que la démocratie est le fait universel et inévitable des jours où nous vivons. « Quiconque a chance d'enseigner ou de diriger, nous dit-il, doit commencer par reconnaître ce fait. Durant ces soixante dernières années, depuis la grande ou *première* révolution française, la même vérité n'a pas cessé d'être signifiée au monde : messages sur messages sont venus la répéter, et d'une façon terrible parfois. Maintenant il serait temps pour le monde de se décider à y croire. — Qu'est-ce donc que cette démocratie, ce colossal et inévitable produit des destinées ? où va-t-elle ? quelle est sa signification ? Il faut qu'elle en ait une, ou elle ne serait pas ici. Si nous sommes à même de découvrir son vrai sens, nous avons encore chance de vivre en cédant avec sagesse ou en résistant et en contenant avec prudence ; si nous y découvrons seulement une fausse signification, ou si nous n'y voyons aucune signification, toute vie nous sera impossible.

Avant de répondre lui-même à ces questions, M. Carlyle nous apprend qu'en tout cas il n'admet point l'interprétation de la foule.

« Peut-être la démocratie nous tirera-t-elle elle-même du bourbier. Une fois façonnée en votes et fournie d'urnes électorales, peut-être se chargera-t-elle de nous faire passer du mensonge à la réalité, et de nous transformer un de ces jours en un monde bienheureux. Pour la masse des hommes, je le sais, les choses se présentent sous ce charmant aspect. Ils regardent la démocratie comme une manière de *gouvernement*. Le vieux patron, taillé depuis longtemps et définitivement perfectionné en Angleterre il y a quelque deux cents ans, s'est proclamé lui-même à la face des nations comme le nouveau spécifique pour tous les maux : « Établissez un parlement, disent partout les nations quand elles découvrent que leur ancien roi n'était qu'une contrefaçon de roi, donnez-nous un parlement, faites-nous voter, faites voter le suffrage universel, et sur-le-champ ou peu à peu tout s'arrangera au mieux, ce sera un vrai millenium. » Telle est leur manière à eux d'envisager les choses ; telle n'est nullement, hélas ! ma manière à moi de les envisager. Si j'eusse pensé de la sorte, j'aurais eu le bonheur de garder le silence ; rien ne m'eût obligé à parler. C'est parce que le contraire même de tout cela est profondément évident pour moi, et me semble oublié par des milliers de mes contemporains, que j'ai dû entreprendre de leur adresser un mot ; oui, le contraire même de tout cela, et plus j'y regarde à fond, plus l'état d'esprit qui a pu engendrer tout cela me paraît désolant, odieux et désespérant. Examiner cette recette parlementaire, voir jusqu'à quel point un parlement est propre à gouverner toutes les nations, que dis-je ? à gouverner seulement l'Angleterre, qui depuis tant de temps est rompue à cette routine, c'est là une enquête alarmante à laquelle sont conviés tous les penseurs sincères et tous les bons citoyens qui ont le don d'entendre les petites voix secrètes et les éternels commandements à travers les clameurs temporaires et les assourdissantes proclamations… Si un parlement avec des suffrages universels ou toute autre espèce imaginable de suffrages est, en effet, la bonne méthode, mettons-nous à l'œuvre, et ne nous accordons nul répit jusqu'à ce que nous ayons découvert le genre de suffrages qui convient ; mais il serait possible qu'un parlement ne fût pas la bonne méthode, il se pourrait que, de par les idées invétérées du peuple anglais, cette méthode-là fût bien la véritable, et que, de par les lois éternelles de la nature, elle ne fût pas la véritable, qu'elle ne la fût pas tout entière, qu'elle ne la fût pas du tout, à la prendre pour la méthode tout entière. Si, par hasard, un parlement avec n'importe quel genre d'élections n'était pas la méthode décrétée par cette dernière autorité, alors prenons y garde : il serait urgent pour nous de nous en apercevoir et de changer de voie, car, nous pouvons en être assurés d'avance, nous aurions beau être unanimes à vouloir poursuivre notre route : chaque pas que nous y ferions serait, en vertu des lois éternelles des choses, un pas de fait, non dans la direction du progrès, mais précisément dans le sens inverse… unanimes ! Il s'agit bien d'unanimité. Le plus admirable système électoral ne fera pas doubler le cap Horn à votre vaisseau. L'équipage peut voter ceci ou cela, sur le pont et dans l'entrepont, de la façon la plus harmonieuse et la plus adorablement constitutionnelle ; le vaisseau trouvera sur la route des conditions déjà votées et fixées avec la rigidité de l'airain par les éléments, les antiques puissances, qui s'inquiètent fort peu de ce qu'il vous plait de voter. Si, en votant ou sans voter, vous savez reconnaître ces conditions et vous y conformer vaillamment, vous doublez le cap Horn ; sinon les vents butors se chargeront de vous repousser et de vous repousser encore ; les glaces inexorables, comme de muets conseillers privés, viendront, de la part du chaos, vous arrêter de leurs terribles et chaotiques réprimandes ; à demi gelés, vous serez jetés sur les rochers patagoniens, ou bien, en manière de conseil, vos conseillers de glace vous briseront comme verre pour vous envoyer droit chez les requins,[1] et jamais vous ne doublerez le cap Horn. De l'unanimité à bord du vaisseau ! oh ! sans doute, cela peut être fort agréable pour l'équipage et pour son faux-semblant de capitaine, s'il en a un ; mais si la ligne qu'il suit le mène dans le ventre de l'abîme, cela ne lui sera pas de grand profit. En conséquence, les vaisseaux ne font pas usage de scrutin, ni d'urnes d'aucune sorte, et ils rejettent les capitaines de l'espèce *faux-semblant*. Des fantômes de capitaine et des votes unanimes, c'est là pourtant la loi et les prophètes par le temps qui court ! »

Voilà enfin une voix virile qui ne parle pas pour courtiser son auditoire en débitant des lieux communs. Dans ses paroles, il peut y avoir du trop et du trop peu. N'importe, elles expriment bien l'intense conviction que le véritable souverain n'est ni le peuple, ni le roi, ni l'aristocratie, mais Dieu lui-même, ou, si l'on veut, la nécessité providentielle, l'ensemble des besoins et des forces naturelles, des aptitudes et des impuissances qui déterminent le possible et l'impossible. Cette vérité-là, si c'en est une, M. Carlyle a droit de dire qu'elle est profondément oubliée, et nous-même, pour le traiter comme il mérite, il faut tout d'abord nous incliner devant lui comme devant un homme qui a eu le don de sentir ce que bien peu d'autres avaient senti, et de le crier haut et fort, tandis que nul n'y songeait. Un jour, un théoricien s'est écrié : « Dieu ne sait pas

---

1 Chez *Davy Jones*, dans le *coffre de Davy Jones*, expression populaire des matelots américains. Davy Jones **était** un pirate fameux qui n'épargnait personne.

ce qu'il fait, et il est grand temps que l'homme se charge de sauver malgré lui l'humanité. » Il a scandalisé beaucoup de personnes, et cependant ce qu'il annonçait, tous les échos s'étaient enroués à le répéter. Que faisons-nous, en effet, depuis tantôt deux siècles ? Nous nous indignons sans répit de ce que le monde ne veut pas se conformer à notre idéal ; nous discourons sur les principes et sur les droits. Chacun commence par décider que le droit de vouloir doit être de ce côté-ci, et non de celui-là, et, sa décision prise, il ne s'occupe plus qu'à organiser sur le papier des humanités en harmonie avec son rêve, des pouvoirs suivant sa théorie du droit, des mécaniques et des machines sociales qui fonctionnent selon ses principes. Dieu sait combien d'activités se sont ainsi dépensées à faire cadrer les mille pièces d'une espèce de casse-tête chinois ! et il ne semble pas qu'il soit venu à l'esprit de personne de se dire une seule fois : C'est fort bien ; mais, avant d'examiner comment les sociétés doivent être pour marcher à notre guise, il ne serait pas mauvais peut-être d'examiner jusqu'à quel point elles peuvent marcher au gré de telles ou telles volontés humaines. Nullement ; tous raisonnent comme si l'unique difficulté était de trouver une solution (pour employer le mot du jour), en d'autres termes, de savoir à qui il peut nous plaire d'accorder le gouvernement absolu de l'univers. — Vouloir, c'est pouvoir, dit l'un ; — ce sont les idées qui mènent le monde, dit l'autre ; — les principes quand même ! répètent les uns et les autres, — et, après avoir posé leur *ultimatum* à la réalité, ils le divinisent sous le nom d'éternelle justice. Pour eux, l'unique morale est de vouloir quand même ce qui leur parait bon et désirable, ce qui leur convient ; pour eux, le plus saint des devoirs est de proclamer illégitime à priori et de combattre à outrance tout ce qui s'écarte du programme de leurs désirs.

À l'heure qu'il est, c'est au peuple que la souveraineté appartient. On s'est entendu à cet égard, et en conséquence la science politique se réduit à imaginer les meilleurs moyens de constater la volonté du peuple et de le mettre en état de prévaloir. Soit : rien de mieux, rien de plus sage, si le peuple est bien le vrai souverain ; mais tout pouvoir souverain, que je sache, est quelque chose qui peut, et, quand bien même le peuple souverain trouverait juste que la paresse et l'imprévoyance portassent les fruits du travail et de la prévoyance, il n'est pas fort certain que les causes cesseraient, pour lui complaire, de produire leurs effets. Le pouvoir le plus légitimement issu de la volonté générale ne fera pas que deux désirs puissent se satisfaire à la fois, quand la satisfaction de l'un exclut la satisfaction de l'autre. Les conventions nationales les plus conformes aux principes auraient beau remuer et remuer encore des éléments donnés, sociaux ou chimiques : elles ne les forceraient pas à s'agréger contrairement à leurs propriétés. Si c'est bien une loi providentielle qui veut que l'activité ne puisse naître que du désir et de la crainte ; si la souffrance, la misère, la rétribution de chacun suivant ses œuvres, ont réellement un rôle nécessaire à jouer pour maintenir l'harmonie générale, les mandataires les mieux en règle de l'humanité entière décideront en vain que la misère et le châtiment des fautes sont contraires au droit : jamais le soleil ne verra une communauté où tout ira bien sans l'intervention de la souffrance et du châtiment. Que signifie donc la vaine alchimie des formules et des théories ? A quoi bon discuter ce que doivent être les titres et les papiers des gouvernements pour être en règle ? Le seul gouvernement légitime est celui qui représente le vrai souverain : le possible et le nécessaire.

« Peuples ou individus (je cède encore la parole à M. Carlyle), nous n'avons qu'une condition à remplir. Pour prospérer dans le monde, pour y trouver la paix, le succès et le progrès, il faut que nous puissions distinguer les vrais règlements de l'univers par rapport à nous et à nos affaires. Peuples ou individus, ces pouvoirs-là nous conduisent toujours à la victoire ; et quel que soit le guide qui nous met à même de leur obéir, — qu'il soit un autocrate de toutes les Russies ou un parlement chartiste, le grand-lama ou la force de l'opinion publique, l'archevêque de Cantorbery ou Mac-Croudy, le docteur séraphique, avec son dernier évangile d'économie politique, — celui-là, sachons-le, nous met en voie de complaire au grand régulateur de l'univers, et il est le plus ami de nos amis. — Par là même, celui qui fait le contraire est le plus ennemi de nos ennemis. Une fois pour toutes, tenons-nous-le bien pour dit.

« Mais comment déchiffrer les éternels règlements de l'univers à notre égard ? Comment reconnaître, au milieu de tous les contre-sens et de tous les barbarismes enchevêtrés par la niaiserie humaine, quel est le vrai message divin qui nous est adressé ? Tout le monde me répond : Comptez les têtes, consultez le suffrage universel au moyen des boîtes électorales, et il vous l'apprendra. Le suffrage universel, les boîtes électorales, les additions de têtes ! En vérité, je m'aperçois que nous sommes arrivés dans d'étranges parages spirituels. Dans le cours d'un demi-siècle, un peu plus, un peu moins, il faut que l'univers ou les têtes des hommes aient bien changé. Il y a un demi-siècle, et depuis le père Adam jusque-là, l'univers, à ce que j'avais entendu dire, n'était pas accoutumé à s'expliquer si clairement. Il n'avait point l'habitude de porter ses secrets sur sa face, pour qu'ils crevassent les yeux de tous les passants. Bien au contraire, il cachait obstinément tous ses secrets aux étourdis, aux méchants et à tous les êtres vils ou sans sincérité ; et il ne les découvrait en partie qu'aux sages et nobles natures qui de mon temps ne formaient pas la majorité. »

M. Carlyle, on le pressent, s'attaque à la fois au suffrage universel et aux bases mêmes de tout gouvernement représentatif. Ici encore, nous laisserons là provisoirement sa conclusion pour nous occuper seulement des prémisses dont elle découle. Dans tout ce qui précède, nous ne voulons voir que ces mots : *Le monde ne porte pas ses secrets sur sa face.* Est-ce vrai, est-ce faux ? Nous sommes fort intéressés, en France, à le savoir, car nous avons joué notre vie sur l'hypothèse que la vérité est quelque chose que la foule reconnaît forcément à première vue. Le suffrage universel est loin, bien loin d'être l'unique arrangement que nous ayons pris pour mettre notre sort à la merci du bon sens des masses. Toute cause, chez nous, est portée devant elles. L'autorité vise à leur plaire, les journaux ne parlent qu'à leur adresse. Depuis bien longtemps, toutes les opinions qui ont été conçues en France et qui n'ont pas vu jour à se faire accepter par le pouvoir en ont appelé au peuple, et toutes, pour réussir par le peuple, ont commencé par lui enseigner le mépris de ses gouvernants ; toutes se sont appliquées à lui persuader que c'était à lui de décider dans tous les cas, de juger la loi, de juger sa consigne de soldat et, au besoin, de violer la loi et sa consigne pour n'obéir qu'à sa propre sagesse. Si les masses ne sont pas infaillibles, si du moins les multitudes ignorantes n'ont pas une perspicacité supérieure à celle que donne l'étude, nous n'avons pas lieu de nous applaudir de notre œuvre. Tous les quatre ans, elles peuvent adjuger la France au communisme ou au phalanstère, à la banque d'échange ou à M. Louis Blanc. Tous les jours, les législateurs d'un rassemblement ou les soldats d'un régiment peuvent ouvrir les portes de l'inconnu pour laisser entrer, non ce qu'ils voudront, non ce qu'il peut plaire à tels et tels d'entendre par la république démocratique, mais tout ce qu'il peut plaire à Dieu de faire sortir des éléments déchaînés à ce moment-là.

Vox populi, vox Dei, nous dit-on pour nous rassurer ; mais tout d'abord qu'entend-on par ces mots : *le bon sens des masses* ? Veut-on dire que, si elles votent blanc ou rouge, c'est parce qu'elles ont mûrement pesé les difficultés à surmonter, les dangers à éviter ? A ceux qui soutiendraient cela, il n'y a rien à répondre ; si ce n'est qu'il ne leur a pas été donné d'entrevoir une seule fois la réalité. Ils ont pu parler à des hommes : ils n'ont vu que des abstractions, des types, — le type *peuple*, le type *armée* ! Ces êtres-là, malheureusement, ne font leurs miracles que dans le pays des fantômes. La foule qui tient nos destinées entre ses mains est de tout autre nature. Ce peuple-là, c'est l'instinct qui ne se doute pas même qu'il y ait quelque chose à apprendre. On en a fait le juge suprême, le tribunal en dernier ressort. Comment prononcera-t-il ? Entre plusieurs systèmes, c'est-à-dire entre plusieurs solutions inconnues d'un problème inconnu pour lui, laquelle aura pour elle ses suffrages ? C'est bien là la question de vie ou de mort et la question tout entière pour la France du moins. En Amérique, il se peut que les électeurs n'aient guère à décider qu'entre plusieurs candidats qu'ils ont été à même de connaître, et dont aucun ne songe à bouleverser les institutions établies. En France, ce sont et ce seront des systèmes qui poseront leur candidature devant les majorités, des systèmes dont le plus grand nombre seront résolus d'avance à refaire la société de fond en comble, pour peu qu'ils en aient la puissance.

Cette perspective ne semble pas rassurante à M. Carlyle ni à nous non plus. Ce que le suffrage universel est capable de produire ici ou là, les faits seuls peuvent le dire, car, seuls, ils savent toutes les tendances qui existent réellement dans telles ou telles masses d'hommes, tous les mobiles et tous les instincts qui peuvent peser sur leurs décisions ; mais, à juger de l'avenir par le passé, ce que toute notre expérience nous force à prédire, c'est que le bon sens des majorités, si c'est lui qui prononce, se prononcera forcément pour l'impossible. Entre plusieurs systèmes, celui qui le passionnera le plus sera toujours le plus séduisant. Le bon sens des masses ! mais c'est précisément parce qu'elles ont du bon sens qu'elles ne peuvent pas renoncer de gaieté de cœur à mille choses charmantes contre lesquelles il n'y a absolument rien à dire, si ce n'est qu'elles sont irréalisables de par certaines lois dont les masses ne soupçonnent pas même l'existence. Pour l'ouvrier ou le mathématicien, pour le paysan ou le banquier, ignorer c'est être esclave de l'instinct. Tant que nous n'avons pas vu ce qui nous empêche de satisfaire pleinement nos désirs, nous ne pouvons vouloir que ce qui nous attire le plus, ce qui promet à ces désirs la plus ample satisfaction. Aux dernières élections de Paris, les trois candidats de l'opposition n'étaient que des allégories, des emblèmes. C'est bien cela : le socialisme, lui aussi, n'est qu'un emblème ; pour chacun, il représente tout ce que chacun peut souhaiter. On croit qu'il est dangereux à cause des opinions particulières qu'il professe. De ceux qui votent pour lui, qui donc connaît les doctrines qui le distinguent de tout autre système ? S'il est dangereux, c'est parce qu'il est le mot du jour. L'eût-on anéanti ou se fût-il anéanti lui-même, un autre mot prendrait sa place. Au symbole mort succéderait un nouveau symbole qui, lui aussi, s'indignerait des souffrances, qui, lui aussi, voudrait dire : Vous n'êtes pas contents, je vous contenterai. Et pour le bon sens des masses, ce serait toujours lui qui aurait raison : demain comme aujourd'hui il en sera de même. Bien plus, tant que, nous ne serons pas des dieux, tant que nos besoins n'auront à leur service que des aptitudes limitées, la voix qui accusera ce qui est et qui cherchera à soulever les haines populaires contre le pouvoir établi sera toujours, au bout d'un certain temps, celle qui passionnera le plus le bon sens des masses, par cela seul que *ce qui est* ne saurait jamais être tout *ce qu'il est possible de rêver*. La folie ou la routine aveugle, — il n'y a pas de milieu pour l'ignorance. Le paysan trouve souverainement ridicule et monstrueux ce qu'il n'a jamais vu, entendu ou imaginé. Comme lui, la foule peut avoir pour le passé un respect superstitieux qui tient surtout à ce qu'elle est incapable de comprendre plus les choses puissent être autrement qu'elle les a toujours vues ; mais, du moment où elle n'est plus vendéenne, elle est sans-culotte. Si elle n'a pas la haine de tout progrès, elle se met à la remorque du plus fanatique.

La vérité ne peut manquer de triompher, s'écrie-t-on. Oh ! sans doute elle triomphe toujours dans un sens. Quand bien même trente-six millions de Français s'entendraient pour vouloir l'impossible, l'impossible ne cessera pas d'être l'impossible. Les trente-six millions de Français pourront détruire tout ce qui n'est pas leur idéal : leur puissance s'arrêtera là. Pour peu que leur idéal ait méconnu une seule loi, pour peu qu'il se jette contre un pilier de l'ordre général, il ne réussira, s'il s'obstine, qu'à amener un éboulement général, et la victoire restera à Dieu. La vérité triomphera, cela est certain, elle triomphera même à l'endroit du suffrage universel. Ce qu'il y a de plus probable, c'est que le suffrage universel tuera la France, ou sera tué par elle, et, quoi qu'il advienne, l'ère de la pure démocratie n'arrivera pas. — « A consulter l'histoire, je ne vois pas que jamais aucune démocratie ait existé. » C'est M. Carlyle qui parle. Il dit vrai. Jamais démocratie n'a existé, pas plus dans l'antiquité que dans les temps modernes. « Que l'on ne me parle pas de l'Amérique et de ses institutions modèles. La république-modèle n'a pas encore vu le jour aux États-Unis ; ce que le jour y voit, ce sont de vastes solitudes incultes, où des populations qui respectent le constable peuvent vivre provisoirement sans gouvernement, jusqu'à ce que soit venue l'heure de la lutté, l'heure où l'Amérique, elle aussi, aura à se mesurer avec les pythons et les serpents de la fange. » - Les masses de l'Amérique respectent le constable ; elles respectent leurs institutions et les idées des hautes classes. Ce ne sont donc pas elles qui règnent. « Des deux côtés de l'Atlantique, la démocratie, hélas ! est à tout jamais impossible. » Jamais le peuple ne régnera, par cela seul que jamais les majorités ne pourront se former elles-mêmes des opinions. Est-ce que les idées musicales de la France ne sont pas les idées des musiciens et des critiques capables de juger ? Est-ce que les idées politiques de la France ne sont pas celles de ses journalistes ? Est-ce que le socialisme lui-même, et toutes les formules qui tiennent lieu de pensées aux tribuns, ont été imaginés par les masses ? On peut donner à toutes les mains le droit de mettre un billet dans une urne ; mais, par toutes les mains, ce qui votera en réalité, ce ne sera pas la foule. M. de Lamartine et bien d'autres se sont indignés contre un régime social sous lequel un Socrate et un Rousseau n'eussent pas été électeurs. Qu'importent les apparences ? Avec un suffrage limité, et peut-être sous une monarchie absolue, un homme aussi influent que Rousseau eût en réalité gouverné le pays par son esprit ; avec le suffrage universel, il n'aurait qu'une voix, tandis qu'à côté de lui un autre homme, le génie de la colère et le coryphée de l'étourderie, aurait le droit de jeter dix millions de suffrages dans l'urne.

« N'avez-vous jamais entendu avec les oreilles de l'esprit, comme celles du corps, cette prophétie juive si pleine de révélations, qui, chaque jour, retentit dans nos rues : *Vieux habits ! vieux galons !* Il était une fois un peuple qui, à une écrasante majorité, vota pour Barrabas… Ce n'est pas *lui* qu'il nous faut, s'écria-t-il de tous ses forces, c'est Barrabas ; lui nous savons ce qu'il vaut, qu'on le crucifie ! Barrabas est notre homme. Ils avaient voulu Barrabas ; ils l'ont eu… Avec lui, ils sont allés où on va avec de pareils guides, et maintenant, après dix-huit siècles de malheur, ils chantent prophétiquement : *Vieux habits ! vieux galons !* »

Ce n'est pas à ce point de vue que l'on se place, je le sais. Le suffrage universel, nous dit-on, est un moyen de prévenir les accaparements et les tyrannies : il a pour but d'empêcher l'autorité d'abuser et d'enlever aux privilégiés la puissance de nuire. Que les gouvernants aient souvent abusé, cela n'est pas douteux. Quand les folies des hommes les rendent incapables de se respecter l'un l'autre et décrètent ainsi la nécessité d'une autorité, l'autorité ne peut être exercée que par des fils d'Adam, essentiellement sujets à toutes les faiblesses humaines, et il est bien évident que tout ce qui est en eux, mal et bien, ne manquera pas de porter ses fruits. Ils abuseront donc. À qui la faute ? Ne serait-ce pas aux folies qui ont rendu nécessaire une forme de pouvoir à laquelle étaient forcément attachés certains dangers ? — Mais les hommes n'aiment pas et ne peuvent pas s'expliquer leurs mésaventures par leurs fautes et leurs incapacités ; ils préfèrent tout expliquer par la perversité des tyrans, des imposteurs, en un mot, par leur propre guignon. À l'heure qu'il est, nous en sommes là : nous avons décidé que tout danger était dans le pouvoir, que tout progrès consistait à le supprimer pièce à pièce ; parce qu'il peut abuser, nous avons résolu de l'abolir : nous ne voyons plus à quoi il sert, nous sommes convaincus que toute direction est inutile.

M. Carlyle l'a dit, et bien dit : « Nous sommes un monde qui se flatte de n'avoir plus besoin de gouvernement. » Quoi que puisse produire le suffrage universel, c'est bien là ce qu'il exprime certainement. Le chaos, doué du don d'éloquence, emploie sa voix à se chanter à lui-même *gloria in excelsis*. On a confiance dans le bon sens du pays, on a confiance en l'évidence de la vérité. Nos révolutions n'ont pas seulement prouvé que nous reposons sur un volcan, elles ont encore prouvé que nous n'apercevons pas les forces terribles qui bouillonnent sous nos pieds. Voilà le sens, voilà un des sens du moins de cette démocratie universelle. M. Carlyle la juge ainsi, et tout son premier pamphlet n'est qu'un cri d'alarme.

« De l'autorité ! encore de l'autorité ! Nous allons tous à l'abîme, l'Angleterre comme les autres nations. Ceux même qui ont le plus d'horreur pour la république rouge et ses corollaires courent à pleine vitesse vers un semblable dénouement… Sur la poussière de nos héroïques ancêtres, nous passons notre temps à *votailler* et à nous répéter l'un à l'autre : Tout va au mieux, tout va au mieux ! Par leurs nobles luttes, nos pères nous ont fait ce monde anglais où l'existence nous est possible ; par de rudes travaux, et non par de vains bavardages et de vains sourires, ils ont changé la forêt sauvage en un champ habitable, et nous, nous nous sommes endormis dans la folle espérance que les moissons pousseraient d'elles-mêmes !… Rien ne vient aux hommes pendant leur sommeil. Maintenant il se trouve que notre champ est dans un état et nous donner de sérieuses inquiétudes : de nouveau il réclame de vrais travaux et une véritable agriculture… Si je comprends bien les *chartismes* effrénés, les *agitations irlandaises*, les *républiques rouges* et tous ces autres hurlements et beuglements inarticulés, qui ne sont, bien évidemment, que des cris de douleur, c'est un état-major que réclament les esclaves de l'imprévoyance et des appétits désordonnés. L'éternel, l'imprescriptible droit des étourdis est d'être gouvernés par les sages, d'être mis dans le droit chemin par ceux qui en savent plus long qu'eux. »

De l'autorité, oui, de l'autorité, dirons-nous aussi, et cela dans l'intérêt surtout de la liberté, de la vraie liberté. La plus funeste de nos erreurs est d'avoir confondu sa cause avec celle de la démocratie, d'avoir cru que le progrès, le bien-être et le libre jeu des éléments sociaux étaient en proportion de l'influence politique des masses.[1] La liberté d'une nation se mesure au nombre des aptitudes qui peuvent s'y exercer à la fois, et la plus grande somme possible de liberté ne saurait être obtenue qu'au moyen de la loi qui sait combiner avec harmonie le plus grand nombre possible des énergies existantes, qui mieux que toute autre peut les faire coexister sans chaos et sans secousses. Pour que la liberté augmente, il faut donc que la loi devienne plus intelligente, en d'autres termes, que l'autorité échappe de plus en plus eu contrôle et aux illusions de l'ignorance.

Mais comment obtenir la meilleure autorité ? Qui doit gouverner ? Est-ce un sage ? est-ce une assemblée de sages ? Le rôle du pouvoir est-il uniquement de défendre et de punir ce qui a été reconnu comme nuisible ? Est-il, au contraire, d'ordonner et d'imposer à chacun ce que lui-même peut croire convenable ? Sur tous ces points, M. Carlyle est fort entier, et, comme M. de Lamartine, quoique dans un autre sens, il nous semble s'être laissé duper par les apparences. Pour lui, l'intelligence des *sages* a pris corps dans la personne des *sages*. Ce n'est pas l'ensemble de l'expérience acquise qu'il veut faire asseoir sur le trône c'est la phalange des génies, des hommes supérieurs. « L'univers, nous dit-il, est une hiérarchie et une monarchie. Chacun y vote à son aise, avec pleine liberté de choix, avec pleine possession de son libre arbitre ; mais à toutes ces libertés sont attachées des conditions inexorables et incommensurables. C'est une fort libre communauté d'électeurs,

1 Si les hautes études ne sont pas en France ce qu'elles sont en Allemagne et en Angleterre, cela ne tiendrait-il pas à ce que nous avons supprimé nos universités pour les remplacer par des colliges où le professeur est forcé de se mettre à la portée du commun des élèves, c'est-à-dire de subir le règne des masses ? Si la philosophie n'est pas libre dans ses chaires, ne serait-ce pas parce que le monopole universitaire a obligé les parents à faire suivre à leurs enfants les cours de tels professeurs, et que naturellement les familles ont dû obtenir le droit plus ou moins indirect de décider ce que les professeurs pourraient ou ne pourraient pas enseigner ? Qui sait si l'invasion des masses dans les rangs du clergé n'est pas une des principales causes de son esprit retardataire ? Dans les églises congrégationalistes, où le pasteur est soumis au contrôle de sa congrégation, la théologie est tristement bâillonnée. En dépit des idées du jour, l'histoire le dit assez clairement : les aristocraties ont seules progressé, et toutes les républiques de l'antiquité ont péri par l'appel au peuple, dont les étourderies ont toujours amené le triomphe d'une tyrannie.

oui ; seulement elle a pour président l'éternelle justice, appuyée de la toute-puissance. Cette constitution-là est le modèle des constitutions, et partout où le devoir divin et éternel de diriger et contenir les bassesses ne sera pas confié au plus noble, à la supériorité suprême, avec son cortège choisi de véritables nobles, le règne de Dieu n'arrivera pas. Les noblesses en haut lieu, les bassesses en bas lieu, telle est par tous les temps et tous les pays la loi du Créateur. »

Nous connaissons maintenant le fond de la pensée de M. Carlyle. Suivant lui, l'origine et la fatale raison d'être de toutes nos révolutions, c'est que les anciens gouvernants n'ont pas été les *vrais nobles*, c'est que les vieux procédés et les urnes électorales n'ont pas porté en haut lieu, les *supériorités réelles*. « Les prétendus guides n'ont pas guidé, ils étaient des aveugles qui n'avaient que la prétention de voir. Les rois ont été des contrefaçons de rois, des rois de parade qui avaient revêtu le costume de l'emploi et qui en touchaient les honoraires sans en faire la besogne ; les évangiles qu'ils prêchaient n'étaient point un compte-rendu véridique de la position réelle de l'homme sur la terre, mais bien une compilation incohérente, un assemblage de fantômes morts et d'ombres encore dans les limbes, de traditions, d'hypocrisies, d'indolences et de poltronneries, un mensonge fait de mensonges qui, à la, tin, ont cessé d'adhérer… Le mal n'est pas ailleurs, et le salut ne peut venir que du moyen (quel qu'il soit) qui fera arriver au pouvoir, non pas les nobles du tailleur de cour, non pas les nobles de monseigneur le journaliste, ni ceux du parterre on du paradis, mais les *capacités authentiques*, les *magnats du Tout-Puissant*, ceux qui sont sacrés par leur aptitude, ceux à qui le ciel a donné l'investiture en leur accordant la faculté de découvrir les divines destinations des choses et les lois souveraines dont l'observation donne le bonheur et la victoire, dont la viciation entraîne et entraînera à jamais la défaite et la souffrance pour tous les enfants d'Adam. »

Tout à coup, par une de ces boutades qui lui sont familières. M. Carlyle personnifie sous les traits d'un premier ministre le pouvoir qu'il rêve, et il lui met à la bouche une longue allocution à l'adresse des mendiants des trois royaumes. Quelques fragments de ce curieux discours méritent d'être cités

« Mendiants et vagabonds, votre aspect me remplit d'étonnement et de désespoir. Que faire de vous ? Je n'en sais trop rien. Ce que je sais seulement, c'est qu'il est impossible de vous laisser plus longtemps errer à l'aventure, pour qu'à chaque instant vous alliez vous jeter dans les précipices, et alourdir ainsi la chaîne qui menace d'entraîner avec vous ceux qui pourraient être capables de se tenir, sur leurs jambes… Je m'aperçois que tout ce qui a été dit et chanté sur l'affranchissement, l'émancipation, l'indépendance, les droits électoraux, la liberté civile et religieuse, n'est guère qu'un jargon temporaire… Tous les hommes, je le pense, auront bientôt à abandonner ce progrès-là pour s'occuper d'une autre besogne beaucoup plus impérieuse à l'heure qu'il est. Quoi qu'il en soit des autres, polir vous, en tous cas, mes indigents amis, le moment de l'abandonner est bien certainement venu ; vous parler, à vous, de la glorieuse bataille de la liberté serait un non-sens. La bataille, vous l'avez perdue. Avec le noble privilège de vous conduire vous-mêmes, vous vous êtes laissé égarer par les feux-follets. Votre courte vue n'a pas aperçu les fossés, et vous êtes à plat dans la boue. Je vous le répéterai avec chagrin : vous êtes de la race des esclaves, ou, si vous le préférez, de la famille des *nomades*. Vous émanciper ! vous, les loyaux sujets du dérèglement aveugle et de la paresseuse et gloutonne imprévoyance, de la bouteille et du diable ! Qui jamais pourrait émanciper des hommes dans un pareil état ?… A la fin, il faut que nous sortions de cet indicible enchevêtrement de niaiseries constitutionnelles, philanthropiques, au milieu duquel (sans nous entre-haïr peut-être, mais assurément sans nous aimer autant qu'on le pense) nous passons notre temps à nous étrangler l'un l'autre. Que ceux qui préfèrent la brillante carrière de la liberté prouvent d'abord qu'ils sont aptes à y marcher et à se servir de maîtres à eux-mêmes ! Quant à vous, par vos appétits surabondants et vos énergies imparfaites, en travaillant trop peu et en buvant trop, vous avez assez démontré que vous étiez hors d'état de vous tirer seuls d'affaire. Ce n'est plus comme des fils glorieux et infortunés de la liberté que j'entends vous traiter ; c'est comme des captifs officiellement captifs, comme de malheureux frères déchus, que mon devoir est de diriger, et au besoin de dompter et de contraindre. Entre nous, il ne peut plus y avoir d'autres rapports que ceux-là. C'en est fait de l'état nomade, sachez-le bien. Ne venez pas me demander des pommes de terre ; vous aurez d'abord à les gagner. Du travail, vous en aurez, mais vous aurez aussi des colonels industriels, des contre-maîtres, des commandants équitables comme Rhadamante et inflexibles comme lui. Enrôlez-vous dans mes régiments de *l'ère nouvelle*, non pour combattre les Français, mais pour faire la guerre aux marécages et aux landes incultes, pour enchaîner les démons de l'abîme. Les sergents vous attendent. Bandits nomades de l'oisiveté, ils vous changeront en soldats dociles du travail. Vous serez dressés et disciplinés. Obéissez, endurez, abstenez-vous, comme nous avons tous eu à le faire. Votre tâche vous sera taillée ; si vous l'accomplissez avec courage et ponctualité, le salaire ne fera, pas défaut. Refusez d'obéir : pour commencer, je volis admonesterai ; si vous ne m'écoutez pas, je vous fustigerai ; si cela ne mène à rien, je vous fusillerai.

« Voilà l'*ère nouvelle* tant prédite ; nous y sommes enfin arrivés. — La terre promise n'est pas arrosée de lait et de miel, tant s'en faut… Il n'y a pas à reculer cependant : de toutes les entreprises, la plus impossible est d'en sortir. À l'œuvre donc, tous les bras à l'œuvre ! »

À plus d'un égard, nous nous permettrons de douter de la prophétie. M. Carlyle nous dit quelque part que sous toutes les utopies fraternelles et égalitaires se cache un grain de vérité, qui, tant qu'il n'en sera pas extrait, nous condamnera à les voir reparaître périodiquement avec leur cortège de fureurs dévastatrices. Peut-être son idéal, à lui aussi, ne renferme-t-il qu'un grain de vérité qui demande à en être dégagé, parce que, sans cela, il nous prédestinerait à un genre d'autorité et à maintes autres choses qui pourraient bien être précisément les principales causes de ces mêmes explosions fraternelles. En tant que principes absolus, nul doute que les décisions des économistes ne soient des absurdités, et des absurdités aussi funestes que toute règle générale qui se place au-dessus de la nécessité et prétend se soustraire à l'obligation de ne point produire de mauvais résultats. Comme tout ce qu'il peut nous plaire de penser des poisons n'empêchera pas qu'ils n'empoisonnent, tout ce qu'il peut nous plaire de penser des clubs, de la presse ou du *laissez-faire* n'empêchera pas assurément que les menaces n'excitent les craintes, que les attaques ne provoquent les représailles, et que les droits dont on use de manière à tout bouleverser ne finissent par se faire écraser ou par s'écraser eux-mêmes sous leurs propres excès. Là où commence le danger commence l'impossible ; en conséquence, nous pouvons d'avance faire notre deuil de toutes les libertés illimitées, de toutes les libertés quand même. Nos constitutions et nos journaux auront beau proclamer le droit du suffrage universel *quand même*, il en résulterait un pouvoir qui ne pourrait que désorganiser ; — les docteurs de l'école auront beau s'écrier : Émancipez *quand même* les blancs et les noirs, les intérêts et les caprices ; *laissez faire* chacun comme il l'entend, dût-il faire ce qui entraînerait la ruine de la société : — tous les arguments, les déclarations et les insurrections seront peine perdue, et les gouvernements auront le temps de s'écrouler l'un sur l'autre avant que l'humanité soit délivrée de la nécessité d'avoir des jambes pour marcher et d'avoir de bonnes jambes pour ne pas tomber.

C'est là le grain de vérité dont je parlais ; il vaut son pesant d'or. Plus que jamais, il est bon de répéter que la mesure dans laquelle les hommes peuvent être émancipés ne dépend ni de la logique ni du pouvoir, mais de leurs propres aptitudes. Si M. Carlyle n'eût pas voulu dire autre chose, je serais heureux de faire écho à toutes ses paroles ; par malheur, il est allé beaucoup plus loin. Il ne se borne nullement à combattre les principes qui ne sont que du vent, et les axiomes qui ne sont que des conséquences nécessaires d'une abstraction ; il s'attaque encore à une liberté de tout autre origine : je veux parler de ce mouvement irrésistible qui est le principe même de la vie, et qui travaille constamment à faire régner Dieu de plus en plus, en arrachant de plus en plus les activités humaines au contrôle des volontés humaines et à la tyrannie des systèmes humains ; je veux parler de ce *laissez-faire* particulier qui sans cesse cherche à supprimer la contrainte partout où elle n'est plus nécessaire, et à faire en sorte que les facultés, les forces qui sont en chacun et qui n'ont de puissance que dans leur direction naturelle puissent chercher elles-mêmes leur direction, quand elles sont capables de la concilier avec les autres lois vitales de la société. Dans quelle mesure M. Carlyle prétend-il comprimer et régenter ce libre jeu des éléments sociaux ? il ne nous l'apprend pas positivement. Il s'y résigne plus ou moins, cela est vrai ; il veut bien admettre que les parlements peuvent être bons à quelque chose ;

il consent même à laisser jusqu'à un certain point l'industrie sous l'empire de la concurrence : toujours est-il que ces rouages lui font grand'peur, et qu'il entend placer au-dessus d'eux un régulateur de tout autre nature. L'autorité qu'il rêve, en un mot, c'est une autorité qui pense et décide pour tous, qui détermine l'emploi que chacun doit faire de son activité. Ce rêve-là, nous sommes mieux placés que personne pour en connaître les dangers. Que font tous nos réformateurs ? Ils réclament pour l'état tous les monopoles : les monopoles des routes, des chemins de fer, des mines, des salines, de l'instruction, de l'industrie, des banques. Leur manière de raisonner est fort simple et surtout fort commode : tout ce qui les choque, ils le dénoncent comme un mal avec lequel il s'agit d'en finir ; toute chose qui va mal accuse un mauvais moteur ; qu'on trouve donc le moteur qui la fera aller au mieux, ci qu'on applique le même remède à tous les abus, — on aura trouvé le vrai système de gouvernement. Ce moteur, il faut lui trouver un nom ; on l'appellera *l'état*, par exemple. Qu'est-ce que l'état ? C'est le pouvoir dont le propre est de *tout faire au mieux*. Le mot trouvé, tous les nœuds gordiens sont tranchés et tous les mystères disparaissent. Cela est magnifique. Puisque l'état est la *puissance de tout faire au mieux*, il est bien clair que toutes les souffrances du passé sont uniquement venues de ce que l'état ne faisait pas ceci ou cela. Par la même raison, il n'y a plus la moindre difficulté à renvoyer une fois pour toutes dans le néant toutes les misères de ce monde. Que l'état fasse tout, et tout sera parfait. Bien plus, l'hydre de la discorde sera à jamais étouffée. Désormais plus de luttes, plus de haines, plus de dissensions. Comment les hommes pourraient-ils ne pas s'entendre ? Est-ce qu'ils ne désirent pas tous que tout soit au mieux ? Est-ce que l'état, d'ailleurs, n'est pas la nation ? Il n'y a plus qu'un seul mot pour représenter trente-six millions d'hommes, donc ces trente-six millions d'hommes n'ont plus qu'une pensée et qu'une volonté. Ce que veut l'état, le pays tout entier le veut par cela même. — Les mots sont de grands magiciens ; avec eux, on fait des prodiges… sur le papier !

Bien certainement je ne songe point à assimiler M. Carlyle à nos grands guérisseurs de tous les maux passés, présents et futurs, et pourtant, je dois le dire, il flatte leurs erreurs, et il en partage même plusieurs. Écossais de naissance, il a en lui du tempérament celtique. Devant ce qui le blesse, il s'emporte facilement, et il se laisse vite aller à y voir une anomalie, une sorte de miracle du diable. À l'entendre, toutes nos idées et tous nos actes depuis deux siècles ne seraient que mensonges, et le monstre de l'erreur aurait eu la puissance depuis deux siècles d'enfanter toute chose ! De telles colères mènent droit au fanatisme ; quand on attribue à une idée fausse le pouvoir d'enlever à Dieu le gouvernement de l'univers, on est forcé d'attribuer à une bonne théorie le don de sauver la création en péril. En philosophie, cela s'appelle croire à la vérité absolue. Dans la réalité, cela signifie ne savoir supporter que sa propre opinion.

Sans cesse M. Carlyle est à nous parler des *éternels règlements de l'univers*, des *lois immuables de l'univers*. Comment a-t-il pu se prendre aussi à des paroles, lui qui a si souvent et si éloquemment dénoncé la décevante fascination des mots ? Comment a-t-il pu confondre les lois réelles de l'univers avec la manière dont nous les concevons, avec nos lois naturelles à nous, qui ne sont certainement rien moins qu'éternelles ? Pour des intelligences finies comme les nôtres, pour des êtres qui ne prévoient que d'après ce qu'ils ont vu, l'immuable n'existe nulle part, et le croissance est partout ; à chaque instant se forment des agrégats nouveaux, des résultantes de forces qui n'avaient jamais existé, et qui, comme d'invisibles nouveau-nés, viennent réclamer leur place et leur part d'action sur la terre. Nos besoins, nos capacités, nos désirs, se multiplient et se transforment ainsi dans une incessante mobilité. Chaque jour, au fond du vase social fermentent de multiples ingrédients qui n'y étaient pas la veille ; chaque jour, il n'y a d'harmonie possible que dans une combinaison qui n'était pas possible la veille, et cette combinaison, il n'est donné à nul homme de la deviner *à priori*. Le titre de gloire de M. Carlyle, je l'ai dit, est d'avoir magnifiquement senti le rôle nécessaire des hautes intelligences ; son erreur est de n'avoir aperçu dans le monde que la réalisation de leurs pensées, et de n'avoir pas compris le rôle également nécessaire des masses, des instincts irréfléchis, des appétences et des répulsions. Une grande illusion lui resta : la même qui fait à la fois le fonds des systèmes communistes et des théories absolutistes à la De Maistre ; il raisonne comme si les idées menaient le monde. Cela n'est pas. Nulle théorie, nul système ne peut mener le monde où il lui plaît ; il faut que le monde aille où le conduisent les énergies qu'ils renferment. Les conceptions humaines ne sont qu'un effort pour constater ces forces vives et les coordonner, et, si les idées des penseurs sont destinées à être la loi d'ordre ou le moyen qui empêche les éléments existants de s'entrechoquer, l'action incessante des éléments existants, la manifestation d'eux-mêmes par eux-mêmes peut seule révéler aux penseurs leurs idées. L'intuition dont M. Carlyle fait honneur aux héros est aussi illusoire que le bon sens des masses. Ni dans ses génies ni dans ses masses bégayantes, l'humanité n'a la faculté de voir face à face les lois réelles des choses telles qu'elles peuvent être dans leur féconde virtualité. Génies ou non génies, nos idées ne sont faites que de nos *expériences*, des actions exercées sur nous par les choses. Les uns, comme une cire docile, reçoivent plus promptement que d'autres toutes les empreintes : ce qui a eu lieu, leur apprend plus vite à concevoir ce qui a été le possible jusque-là ; mais ce qui sera le possible et le nécessaire le lendemain, Dieu seul le trouve et le manifeste. La solution du problème n'est découverte que par ses propres éléments, et toute organisation que les hommes prétendront substituer à cette solution naturelle sera toujours forcément exclusive et systématique. Par cela seul qu'ils ne connaissent pas tout ce qu'il y a sous le soleil, la théorie qui leur semble de nature à concilier toutes les lois existantes ne fait en réalité que concilier le petit nombre des lois qu'ils ont conçues. Elle serait admirable pour établir l'ordre dans un univers qui ne contiendrait rien de plus que ce qui figure dans leurs propres rêves ; mais, dans l'univers tel qu'il est avec tout ce qu'il renferme, cette théorie ne peut organiser qu'en immobilisant, en paralysant et en préparant des explosions pour l'avenir.

Tout cela, je puis, moi aussi, le dire « avec deux cents générations d'hommes pour l'affirmer comme moi. » L'idéal de M. Carlyle n'est pas nouveau. Dans *le Banquet des Sept Sages*, les Solon et les Thalès expriment des opinions à peu près analogues à celles du penseur anglais. Pendant des siècles, l'Europe a vécu sur l'idée que le moyen de prévenir tout mal était d'empêcher par la force tout ce qui semblerait mal aux sages. Pendant des siècles, tous les penseurs ont cru que l'art de façonner des sociétés consistait à déterminer d'abord la vérin absolue, la justice absolue, et à établir ensuite une force publique pour l'imposer à tous, elle et toutes ses conséquences. De cette croyance sont sorties les maîtrises, les papautés, les royautés absolues, et toutes ces autorités ont rivalisé d'efforts pour enlever à l'humanité la possibilité de se tromper. Cela s'est vu, cela a été pratiqué, cela a même été nécessaire. Quand les individus sont incapables d'user de la moindre liberté sans menacer de dissolution la communauté entière, il faut bien qu'on leur enlève toute liberté, quoi qu'il puisse en résulter ; mais toujours il s'est trouvé que ce moyen de salut, qu'il fût ou non nécessaire, était gros de révolutions, car la possibilité de se tromper est en même temps la possibilité d'apprendre et d'instruire les autres par ses propres fautes, c'est-à-dire la loi essentielle de tout progrès. Dieu l'a ainsi voulu, la plainte est vaine. Ce n'est qu'en s'entrechoquant que des éléments incompatibles se modifient de manière à pouvoir coexister côte à côte. Arrêter la liberté des erreurs là où elle commence à s'attaquer à l'existence même de la société sera toujours la tâche de chaque époque ; aller au-delà, c'est tomber dans l'utopie, et dans l'utopie mère de tous les dangers. On va loin et fort loin avec cette croyance, qu'il s'agit simplement de découvrir les lois éternelles, et que les systèmes de ceux qui les ont déchiffrées peuvent seuls établir le *cosmos*. Il n'en faut pas davantage pour que chaque opinion se fasse un saint devoir de tout jeter à bas, afin de tout refaire à son image. Les génies et les prétendants au génie se disputent depuis longtemps l'empire de la terre. La bataille des principes a en son œuvre à accomplir sans doute ; mais le monde se fait vieux, et les vérités absolues s'y sont tellement multipliées, que, pour avoir la paix, il ne nous reste plus qu'une ressource : celle de reconnaître enfin que le plus saint des devoirs est de ne pas s'ériger sans cesse en sauveurs des sociétés au nom de n'importe quelles vérités éternelles.

À tout prendre, M. Carlyle ne nous semble donc pas avoir pénétré l'énigme du sphinx. L'ère des *héros* est passée comme celle des saints. Nos sociétés sont trop complexes pour qu'aucun penseur puisse embrasser da regard toutes leurs nécessités. Le génie des grands hommes ne leur sert qu'à mieux comprendre combien ils sont impuissants à concilier tant de rouages. La synthèse de tous nos besoins et de toutes nos facultés ne saurait plus se faire que dans un parlement. Il faut que chaque intérêt soit représenté par un mandataire éclairé, et que tous les intérêts ainsi représentés se chargent eux-mêmes de trouver leur loi d'ordre en réagissant l'un sur l'autre et en se contenant mutuellement. La force des choses a fait naître le gouvernement représentatif : ce n'est pas lui qui est la cause de nos révolutions, c'est l'usage que nous en avons fait. Nos gouvernants nous ont mal dirigés, soit : mais nos vrais gouvernants ont été nos systèmes, nos imprévoyances, nos aveuglements. Le nombre en est grand. M. Carlyle, nous l'avons vu, a déjà démasqué plusieurs de ces tristes despotes : je crois que, dans son second pamphlet, il en démasque un autre encore plus dangereux.

Section II

M. Carlyle, cette fois, n'aborde pas son ennemi de front ; il prend un détour ; il a visité une prison-modèle.

« C'était, en effet, un modèle de prison, un établissement exemplaire si propre et si bien tenu que nul duc en Angleterre ne possède une demeure aussi parfaitement adaptée à tous les besoins d'un être raisonnable. Et pour qui ce palais ? pour qui ces serviteurs ? Pour les élus du crime et de la perversité. Recevez mes félicitations, *régiments de ligne* de Satan. Quels soldats au service de quelles puissances terrestres ou célestes te sont jamais vus si bien traités ? Votre maître, dit-on, s'intitule lui-même prince des royaumes de ce monde. Je vois qu'en vérité il a le pouvoir de faire prospérer ses favoris, en Angleterre du moins. Lui demanderai-je, demanderai-je au diable que grand bien vous en prenne ? Non, je passerai plutôt sans murmurer aucune prière. Je préfère méditer en silence sur la forme singulière qu'a prise, de nos jours, chez les enfants d'Adam, le culte de Dieu ou la vénération pratique du mérite humain, qui est l'effluve et l'essence de toute espèce de culte… Le fait est que je suis fatigué des gredins et du bruit qui se fait autour d'eux. La *gredinerie* m'a toujours été odieuse ; mais ici, où je la vois logée dans un palais et entourée des sollicitudes de tous les bienfaisants de ce monde, elle m'est plus odieuse et plus intolérable que jamais. »

Ces quelques lignes suffisent pour dessiner la pensée de M. Carlyle ; c'est à la philanthropie qu'il s'adresse, et *à toutes ses bonnes œuvres*, à ses « sociétés de secours en faveur des fainéants et des bandits, à ses propagandes pour l'abolition des peines capitales et autres châtiments, » à ses magnifiques élans de charité en l'honneur « de ceux qui ne veulent pas avoir pitié d'eux-mêmes, et qui entendent forcer l'univers et les lois de la nature à n'avoir nulle pitié pour eux. » *Exeter-Hall,*[1] toutefois, n'est en quelque sorte qu'un prétexte et un emblème pour lui. En France, il eût élevé la voix contre les beaux sentiments qui se dépensent au seul profit des émeutiers. En Angleterre, il s'attaque aux cœurs généreux qui n'ont de sympathie que pour les victimes de la justice, et qui réduisent toute charité « à blanchir, à ventiler, à choyer et à instruire les *régiments de ligne* du diable. » Au fond, le véritable but de son indignation, c'est « l'aveugle et loquace sentimentalité qui partout se substitue, en s'adressant force éloges, au divin sentiment du juste et de l'injuste. » Sous cette générosité humanitaire, il a vite reconnu le même dissolvant qu'il avait dénoncé sous la démocratie. Là-bas l'ennemi travaillait à démanteler la société en chantant le bon sens des masses, ici il poursuit son œuvre en célébrant les miracles de la douceur. « *De l'autorité ! de l'autorité !* » s'était écrié Carlyle en face du suffrage universel : « *De la Justice ! de la justice !* » s'écrie-t-il maintenant.

« S'attendrir sur les calamités humaines, cela est fort beau ; mais le profond oubli du bien et du mal, mais cette amalgamation du juste et de l'injuste, cette mélasse brevetée de la philanthropie, cela assurément n'a rien de beau, et je me dis parfois que jamais la sottise humaine n'a pris pour Dieu une idole aussi monstrueuse, un fétiche aussi grotesque que le Momojumbo blanc tout façonné de bâtons pourris et de vieilles défroques, d'affectations mortes et de grimaces modernes, auquel Exeter-Hall chante ses litanies. — Les adorateurs de ce dieu-souche ont déjà fait de grandes choses dans le monde noir et blanc ; ils en préparent de plus grandes encore... Un niais d'orateur, versant la charité à pleine bouche du haut d'une estrade, semble à beaucoup un objet charriant, à presque tous une chose inoffensive ou insignifiante. Examinez-le bien cependant, sondez-le jusqu'à pénétrer le fond de sa nature, et il vous apparaîtra comme un être plein de laideur et de périls.

---

1 Vaste bâtiment qui est le quartier-général des sociétés et des *meetings* philanthropiques.

Ses belles phrases captivent les longues oreilles et allument un enthousiasme quasi-sacré dans bon nombre d'âmes ; mais tout cela se jette à la traverse des éternelles réalités de l'univers, et la boîte de Pandore n'est pas plus terrible que l'évangile qu'il prêche avec ses règnes de l'amour, ses fraternités universelles, ses paradis pour tous pêle-mêle... et ses invocations perpétuelles à la religion chrétienne. La religion chrétienne ordonnerait-elle donc l'amour des gredins ? J'espère qu'elle prescrit, au contraire, une saine et mâle haine pour les méchants. Sans cela, qu'en puis-je faire, au nom du ciel ? Moi, pour ma part, elle ne m'arrange pas à ces conditions. Haïr les méchants, ai-je dit, vouer une inimitié irréconciliable et inexorable aux ennemis de Dieu, c'est la moelle épinière de toute religion. Le christianisme !... comment vous adresser la parole, à vous, malheureux, qui êtes tombés assez bas dans le bourbier pour que le culte des pythons et des monstres à la bave venimeuse vous semble le culte de Dieu ?... Votre christianisme n'est point seulement une religion qui n'est pas vraie ; c'est un résidu putréfié de religions décédées qui, depuis longtemps déjà, ne sont que des cadavres pour tous les honnêtes odorats, et dont la puanteur... O cieux éternels ! n'en serons-nous jamais délivrés ? — Haro sur ces solennels charlatans et ces mensonges vivants, qui viennent prêcher contre les lois du ciel ! Qu'ils ferment leur ballot de colporteurs et qu'ils vident la place ! Les pourchasser et en débarrasser la terre, voilà l'œuvre sainte ! C'est assez comme cela de tumultueuse et nauséabonde sensiblerie... Si nous n'y prenons garde, ce débordement de morbide intérêt pour le vice pourrait bien engloutir la société comme un déluge, et ne laisser derrière lui, au lieu d'un édifice social habitable pour des hommes, qu'un continent fétide à l'unique usage des dieux de la fange et des créatures qui marchent sur leur ventre.

« Justice, justice envers et contre tous ! Donnez-nous la justice, et nous vivons ; ne nous donnez que la contrefaçon de la justice, et c'est fait de nous ! Accomplir à l'égard de chacun la volonté du ciel, tel est le but, le seul but véritable. Découvrez, je vous le répète, quelle est la loi de Dieu à l'égard d'un homme, et faites-en votre loi. Si la nature et l'éternelle réalité aiment vos meurtriers, persistez dans la route où vous êtes entrés ; mais si la nature et les faits ne les aiment pas, s'ils ont décrété à leur égard des peines inexorables et implanté dans tous les cœurs créés de Dieu une haine naturelle contre eux, alors, je vous le conseille, hâtez-vous de changer de voie… Quant à moi, si j'avais à gouverner ou à réformer une communauté, ce ne serait pas sur les *régiments de ligne* du diable que je commencerais par concentrer mon attention. Avec eux, j'en aurais promptement fini. J'aurais recours au balai pour les balayer, en un tour de main, dans le sceau aux ordures bien loin du sentier des honnêtes gens… Qui êtes-vous donc, diabolique canaille, pour qu'un conducteur d'hommes s'occupe tant de vos intérêts ? Non, par l'Éternel l ce n'est pas à vous qu'appartiennent ses pensées : elles appartiennent aux vingt-sept millions de mortels qui ne se sont pas encore tout-à-fait déclarés pour le diable. Les malfaiteurs n'ont pas besoin de protection ; si un scélérat est décidé à arriver au gibet, qu'on lui ouvre passage et qu'on l'y suspende. – De quel droit ? dira-t-il. — Misérable, lui répondrai-je, nous te haïssons, et depuis six mille ans nous nous sommes aperçus que tout l'univers nous ordonnait de te haïr, non d'une haine diabolique, mais d'une haine divine. Dieu lui-même, on nous l'a toujours enseigné, a pour le péché une éternelle haine authentique et céleste. Il le poursuit d'une hostilité impitoyable, à laquelle n'échappe nul coupable, et qui finit toujours par anéantir le malfaiteur, par l'effacer du nombre des choses : la trace de sa justice est comme celle d'un glaive flamboyant ; quiconque a des yeux peut la voir passer divinement belle et divinement terrible à travers le gouffre *chaotique* de l'histoire humaine. Partout, dans la destinée de chaque homme comme dans l'histoire de l'humanité, il peut l'apercevoir triant le vrai du faux, laissant la vie à ce qui est digne de vie, consumant d'un feu implacable ce qui est digne de mort, et mettant de la sorte le *cosmos* de Dieu à la place du. chaos du diable… Oui, ainsi fait-elle, ainsi apparaît-elle à tout homme qui est un homme et non une brute mutine… Pour toi, misérable, cela est tout-à-fait incroyable ; pour nous, cela est la majestueuse et terrible certitude, l'éternelle loi de cet univers, que tu y croies ou que tu n'y croies pas. Et nons, de peur de nous rendre complices du défi que tu as lancé à Dieu et à l'univers, tous n'osons pas te permettre de demeurer plus longtemps parmi nous ; comme un déserteur qui a fui les rangs où tous les hommes doivent se tenir à leur éternel risque et péril, comme un déserteur qui a été arrêté les mains encore rouges de sang et qui a bien évidemment combattu contre l'univers et ses lois, nous t'expulsons solennellement de notre communauté pour te renvoyer au sein de l'univers. »

Ces énergiques paroles méritent d'être écoutées : quoique M. Carlyle manque quelque peu de mesure, il est bien près, si je ne me trompe, bien plus près que dans son premier pamphlet d'avoir entrevu le sens de cette démocratie qu'il s'était proposé d'interroger. En tout cas, il a bien saisi l'esprit du siècle. Nos actes et nos paroles ne confirment que trop son dire. Il est de mode de s'apitoyer sur les souffrances, d'où qu'elles viennent, et d'aimer l'humanité en bloc, y compris les méchants comme les bons. Les intentions charitables ne s'emploient pas à enseigner aux hommes à bien faire pour qu'ils puissent recueillir les fruits des bonnes œuvres ; elles ne se proposent pas de remédier aux misères en cherchant à guérir les populations des folies et des impuissances dont les misères sont les conséquences. Nullement, elles tirent au plus court ; pour réformer la société et faire régner le bonheur, elles veulent que les fautes puissent se commettre sans être punies, que la paresse et l'étourderie prospèrent comme le travail et la prévoyance, que l'émeutier soit traité en frère comme celui qui respecte la loi. Nous avons résolu de supprimer le châtiment, celui qui vient de Dieu et celui qui vient des hommes. Est-ce là de la générosité ? est-ce un symptôme de bon augure ? Nous le croyons ; nous célébrons cette sentimentalité banale comme une preuve que les principes destructeurs et les forces qui tuent ont fini leur temps : nous y voyons l'aurore de la fraternité universelle. Au milieu de ces illusions générales, M. Carlyle, lui, a su reconnaître que *tout cela attentait à une loi vitale*. Il y a en lui du voyant, il y a dans des paroles comme celles-ci, par exemple, le cachet d'une inspiration prophétique.

« Des récompenses et des peines : hélas ! hélas ! je dois dire que vous récompensez et punissez à peu près de même façon. Vos dignités, vos pairies, vos statues de bronze en l'honneur des demi-dieux de *votre* choix à vous, témoignent assez hautement de l'espèce de héros que vous vénérez. Malheur au peuple qui ne sait plus distinguer le mérite du démérite ! Par une pente trop certaine, par une nécessité trop évidente, il tombera entre les mains des indignes, et, s'il ne s'arrête pas dans sa folle carrière, il ira se perdre de chute en chute dans la ruine et le néant. Voilà dix-huit cents ans que le peuple hébreu chante prophétiquement dans nos rues : *Vieux habits, vieux galons...* Négligez de traiter le héros comme un héros, vous aurez inévitablement à en porter la peine ; elle pourra ne pas venir tout de suite... Ce n'est pas tout d'un coup que vos trente mille couturières, vos trois millions de mendiants, vos Irlandais virtuellement retombés dans le cannibalisme et autres belles conséquences de votre aveuglement viendront frapper à votre porte : ils n'en viendront pas moins... Mais négligez de traiter comme des gredins vos gredins les plus patents, cela est la dernière goutte qui fait déborder le vase. Immense et terrible, le châtiment arrivera vite. L'oubli du juste et de l'injuste, parmi les masses de votre population, ne se fera pas attendre. L'épidémie de la bienfaisance de tribune et des paradis pour tous pêle-mêle ne se fera pas attendre. Au milieu de la putréfaction de vos *religions*, comme vous les appelez, une étrange religion nouvelle, nommée la religion de l'amour universel, avec Sue, Balzac et compagnie pour évangélistes et Mme Sand pour vierge, ne se fera pas attendre, et les résultats qui sortiront de ces résultats vous étonneront considérablement. »

À tout ce qui précède nous n'avons qu'une restriction à faire. Si le propre de l'espèce humaine était en effet d'apprécier le mérite et le démérite, si chez elle ce n'était qu'une maladie, un fait exceptionnel de ne point faire de distinction entre le bien et le mal, le premier devoir à lui enseigner serait certainement celui de ne jamais pardonner comme de ne jamais faire l'aumône aux misères méritées, car il est bien évident que pardonner les fautes c'est les encourager. Malheureusement la masse des hommes n'est point en état d'exercer le rôle de justicier. Au lieu de juger chacun d'après ses œuvres et d'agir en conséquence envers chacun, ils agissent envers tous d'après l'instinct qui est en eux-mêmes. Quand ils ne sont pas bons pour le mal et le bien, ils sont rudes pour le bien et le mal. À l'époque où les parents savaient punir les fautes de leurs enfants, ils ne savaient pas être affectueux ; maintenant qu'ils savent l'être, ils ne savent plus être sévères.

Pour avoir un peu trop oublié ces choses, M. Carlyle a prononcé plus d'une parole dangereuse. Ainsi il maltraite vertement ceux qui pensent que la loi et ses sévérités ont pour unique but de protéger la communauté et de contenir les mauvaises intentions. Punir ce qui a été reconnu comme nuisible n'est pas la tâche qu'il assigne à l'autorité. Au lieu de renvoyer le législateur à l'expérience, il le renvoie trop à son sentiment du juste et de l'injuste, à l'oracle qui sait la valeur absolue des choses. Il veut enfin que le pouvoir punisse et récompense, « pour accomplir à l'égard de chacun la volonté de Dieu. » L'évangile qu'annonce M. Carlyle a déjà fait ses preuves. « Loin de conduire à toutes les éminences terrestres et au-delà même des astres, » il a mené droit à toutes les haines et à toutes les guerres. Ce qu'il a apporté, c'est le machiavélisme et l'idée que la fin justifie les moyens ; c'est le saint devoir de brûler quiconque n'admet pas nos principes éternels ; c'est la méthode pratique de nos docteurs humanitaires qui adorent tous les hommes en général, parce qu'ils les supposent tout autres qu'ils ne sont, et qui, dès qu'ils les connaissent, en viennent à les haïr « pour s'éveiller un jour, à leur grande surprise, la main sur le cordon d'une guillotine. » N'empiétons pas sur les attributions du Très-Haut. En voulant gouverner d'après leur conscience, les sages eux-mêmes ne gouverneraient que d'après des systèmes *à priori*. À eux de sténographier chaque jour ce que Dieu a fait, à eux de concevoir les choses comme des faisceaux de propriétés capables de produire les effets qu'elles ont produits, à eux enfin de rédiger l'expérience, mais à elle seule de régner, à elle seule de fixer ce qui doit être puni. Que la société se défende, rien de plus. En demandant davantage, M. Carlyle n'a pas seulement nui à sa thèse, il a combattu contre lui-même. S'attaquer à la moralité de notre époque, lui reprocher d'avoir perdu une *faculté-conscience* que possédaient les autres époques, c'est la tromper sur le véritable siège de sa maladie. Il n'est pas vrai que les hommes, du passé aient jamais eu plus que nous l'instinct de reconnaître et d'honorer les héros, et c'est un vain rêve que d'attendre notre rénovation d'un réveil de cette merveilleuse tendance. De tout temps, le monde n'a eu d'admiration que pour les chantres de l'idéal, les poètes du sentiment, les prêtres du désir, Les choses se sont passés constamment de même. Par la voix de ses apôtres ou de ses tribuns, l'idéal éternel vient dire aux masses : De quel droit vous gouverne-t-on ? de quel droit vous punit-on ?

Il n'est pas juste que vous avez un maître, il est odieux que l'on déporte de pauvres insurgés qui ont cru bien faire ; — et la foule d'applaudir. L'idéal va donc son chemin, il détruit ce qui ne plaît pas à la foule ; mais il se trouve que du même coup il a anéanti ce qui était indispensable à la vie. En supprimant la *tyrannie du capital*, il se trouve qu'il a supprimé le seul moyen qui pût faire converger mille activités vers un même but ; en supprimant *l'odieux chef de fabrique qui s'engraissait des sueurs de l'ouvrier*, il se trouve qu'il a supprimé l'intelligence qui dirigeait, et qui, comme la vie, faisait un travail invisible. Quand tout est à bas, il faut bien que la réaction arrive, qu'aux adorateurs de l'idéal succèdent les respectueux interprètes de la nécessité. Eux ils parlent de dangers à éviter, d'utopies impossibles. On les hait ; s'ils n'accordent pas à tous le bonheur absolu, on prétend que c'est uniquement parce qu'ils n'ont pas l'âme généreuse ; et quand par leur sévérité ils ont guéri l'humanité d'une impuissance ou d'une présomption, dont l'extirpation permet un nouveau progrès, le monde se hâte d'attribuer ce résultat aux chantres de l'idéal, qui l'avaient demandé et célébré. Voilà l'état normal. Ceux qui parlent aux hommes des limites de leur puissance sont faits pour être détestés ; on les lapide, c'est leur rôle. Celui de la sagesse est de s'arranger pour faire le mieux possible, sans compter qu'il puisse en être autrement.

Justice n'est pas faite, cela est bien clair ; justice n'est pas faite par la loi ; justice n'est pas faite par l'opinion, qui est encore une autre loi, également décrétée par les classes intelligentes. Cela est un mal, cela est un grave danger, nous le pensons comme M. Carlyle ; seulement notre conclusion ne sera pas tout-à-fait la sienne, quoiqu'elle y touche et que nous nous plaisions à lui en rapporter l'honneur. À notre avis, si nul n'est rétribué suivant ses œuvres, et si on ne veut pas que chacun soit rétribué suivant ses œuvres, cela ne tient nullement à la perte d'un sens moral qu'auraient eu nos pères ; c'est uniquement, ou du moins c'est surtout parce que nous ne comprenons plus le rôle providentiel et protecteur des sévérités de la loi ; et, si nous ne le comprenons plus, c'est précisément parce que nous avons les illusions que M. Carlyle tendrait à encourager, parce que nous nous imaginons que, sans le secours d'aucun châtiment, les hommes possèdent une aspiration vers le bien à laquelle ils doivent tous leurs progrès, toutes leurs vertus. *Quand la raison viendra* ! disent les mères ; *quand les lumières viendront !* disent les utopistes, et, en attendant que la sagesse vienne, ils ne veulent pas que justice soit faite. La sagesse ne viendra pas d'elle-même, voilà ce qu'il faut crier aux quatre vents. La conscience n'est pas le maître qui enseigne les individus ou les sociétés ; elle est la leçon enseignée ; l'unique maître, c'est le châtiment, ou, si l'on veut, l'expérience. Dieu n'a pas trouvé de meilleur moyen pour faire notre éducation. Si l'horreur du meurtre est devenue une partie de notre nature, ce n'est point parce que la conscience des masses a spontanément reconnu ce qu'il y avait de beau à ne pas tuer, c'est parce que certains hommes ont compris avant les masses les funestes conséquences du meurtre, et parce qu'en punissant les meurtriers, ils ont habitué la foule à redouter les peines infligées au meurtre. Si la liberté est devenue possible, nous ne le devons pas à ceux qui se sont enthousiasmés pour elle (l'Italie en est la preuve) ; nous le devons aux tyrans et aux rudes seigneurs qui ont accoutumé nos pères à reconnaître une règle en dehors de leurs caprices. Que la loi rétribue donc chacun suivant ses œuvres ; il le faut pour que la vie sociale soit possible. Tant que l'on pourra violer impunément la légalité, la légalité sera violée, et si jamais le respect de la loi doit entrer en nous, ce sera seulement lorsqu'à force de punir ceux qui se lèvent contre elle, nous aurons fait de l'émeute une chose odieuse, repoussante et terrible, une chose entachée d'infamie, je dirais presque une impossibilité, dont chacun s'éloignera instinctivement comme du feu qui brûle.

Mais nous n'en sommes pas là. Notre impuissance à comprendre la nécessité du châtiment ne le prouve que trop. Nous avons voulu nous délivrer des rois absolus, des autocrates, et nous n'avons pas senti que là où ne commandait pas un homme redouté de tous, il fallait qu'une loi respectée de tous commandât à sa place, ou que le chaos fît son entrée solennelle. Depuis le XVIIIe siècle, toutes les voix ont glorifié l'insurrection sous toutes ses formes. Quiconque insulte ou attaque le pouvoir dans la personne d'un sergent de ville ou d'un roi est soudain transfiguré en héros. Les apôtres les plus sincères de la liberté croient préparer son avènement en prenant sous leur protection tous les fanatiques qui la rendent menaçante. La révolte, en un mot, est notre idéal ; elle est pour nous le beau, l'héroïsme, ce qui plaît le plus au théâtre, dans les romans, partout.

Les autorités elles-mêmes, celles de la famille et de la société, lui élèvent des colonnes. Quand la loi paraît trop sévère aux jurys, ils se font un devoir de mentir sur la question de fait pour abroger virtuellement la loi et s'ériger eux-mêmes en assemblées législatives. Tous les pouvoirs ne savent plus à quoi ils servent. Leur unique ambition est de se mettre en honneur par des amnisties. Qu'est-ce à dire ? Cela signifie que la barbarie primitive est trop loin de nous, et que nous ne nous en souvenons pas. Depuis trop longtemps, grâce aux anciennes digues, la mer a respecté nos habitations, et nous nous sommes persuadés que sa nature était de ne pas vouloir nous engloutir. Au fond de notre mépris pour l'autorité, qui est déjà une impuissance, il y a encore une impuissance, et non une perversité. C'est faire beaucoup trop d'honneur aux Robespierre et aux Marat eux-mêmes que d'expliquer leur conduite par l'ambition ou l'orgueil. Eussent-ils eu dix fois plus d'ambition et de vanité, ils n'auraient pas fait ce qu'ils ont fait s'ils axaient pu prévoir que l'unique résultat de leurs œuvres devait être pour eux une mort violente, pour leurs tentatives une défaite honteuse, pour leur mémoire le sort réservé aux étourderies qui ont fait leur temps. Les fautes de nos pères sont venues, non de ce qu'ils avaient en eux, mais de ce qui leur manquait ; les nôtres viennent de la même cause. Il ne nous a pas été donné de voir les dangers contre lesquels nous protégeait l'autorité. Aussi avons-nous le suffrage universel, ou plutôt nous avons croyance au suffrage universel, car c'est là le véritable péril. Eût-on supprimé la loi qui le consacre, la croyance resterait pour reparaître un jour ou l'autre à l'état de fait, et je crains fort que, pour nous guérir, il ne faille que le suffrage universel lui-même nous montre, à l'œuvre, ce qu'il peut faire. Dieu a bien pris ses précautions : afin que les folies n'eussent pas la vie trop longue, il a voulu qu'elles portassent infailliblement leurs conséquences. Fasse le ciel que nous n'ayons pas besoin d'une trop rude leçon et que nous puissions en profiter !

En tout cas, si nous avons péché, il faudra certainement que nous nous amendions pour être tirés de peine : nulle forme ancienne ou nouvelle de gouvernement ne nous dispensera de cette nécessité. Sans doute le système représentatif est plein de périls, nous l'admettons avec M. Carlyle ; il exige des aptitudes qui ne sont pas accordées à tous les peuples. Quand les secrets de l'état sont constamment mis à nu, quand toutes les questions sont soumises à des débats publics, la discussion ne saurait entraîner que haines et commotions partout où les discuteurs commencent par rêver l'irréalisable, et se font ensuite une règle d'attaquer à outrance tout ce qui n'est pas leur impossible idéal. Pour le gouvernement représentatif, comme pour le ciel, il y aura donc probablement beaucoup plus d'appelés que d'élus ; mais ce qu'il y a de plus probable encore, c'est que notre seule chance de prospérer est de nous façonner à ce régime. Quoi qu'en dise M. Carlyle, l'Angleterre « n'apprendra pas à vivre au monde une seconde fois. » Les peuples, comme les hommes, ne parcourent qu'une carrière. Si l'Angleterre, la France et l'Allemagne sont entrées dans la voie libérale, ce n'est point par l'effet d'un caprice : leurs institutions sont sorties de leurs besoins, de leurs tendances, et le jour où l'une de ces nations n'aurait plus en elle la somme nécessaire de prévoyance on de patience, les ressources qui peuvent seules parer aux dangers d'un tel genre de gouvernement, ce jour-l à, elle irait prendre place à côté de l'Égypte, de la Grèce ou de l'Italie, dans la grande nécropole des peuples qui ont fini leur journée.

ISBN : 978-1987430233